AF443774

Corazón Ardiente

Crystian Danny Barrera Velit

DEDICATORIA

Dedicado a todos aquellos maravillosos seres humanos que nunca me abandonaron en los momentos más difíciles y también a aquellos que hicieron posible la realización de esta publicación a través de su valoración a la cultura y las letras.

Cuando era niño soñaba con mundos mágicos; estaba convencido de que la magia si existía. Al convertirme en adulto la realidad destruyo muchos de aquellos sueños, sin embargo me alegra descubrir que a pesar de vivir en una sociedad tan metalizada y superficial aún existe la magia de aquella infancia, gracias a la Literatura, la Música, las Artes Plásticas, capaces de transportar al ser humano más allá de la realidad, a estados tan sublimes, tan sutiles, mundos mágicos a decir verdad...

EL INTENSO DESEO

SOLO UN RECUERDO DEJARE

Iré a tu cama esta noche

y construiremos sueños de almohada

iré a escribir historias nuevas, jamás contadas

iré sediento a beber el cáliz que derramas

llegare a robarte la ropa

y todo aquello que sobre ti reposa

iré cansado del mundo

iré a navegar por toda tu piel

y destruir todo aquello que te acongoja

iré a fundirme contigo

llegare para decirte al oído palabras que provocan

llegare a esculpir mil besos sobre tu boca

iré a saciar mis ansias locas

llegare a tomar tu cuerpo entero

llegare para crear finalmente solo un buen recuerdo....

ERES UN MUNDO NUEVO

Existen mundos ocultos

mundos sin conocer

mundos completamente misteriosos

senderos desconocidos que me gustaría recorrer;

y perderme en aquello que no he visto y me provoca

perderme en el centro de tu piel....

Sin dormir

Estas ganas locas de amar

me desbasta, me aniquila,

no me deja pensar

todo el peso que mi cuerpo carga

no lo tengo donde vaciar....

estas noches tan oscuras y largas

me las tengo que aguantar

al no tener amantes a mi lado

busco entonces todo el cáliz desfogar

en la profunda y embustera soledad

todo el cúmulo de mi alma

lo debo regalar a un rayo de luz vespertina

que aparece al amanecer intruso y fugaz

entonces papeles tras papeles escribo

y me logro disipar, me pierdo en el silencio

y en el indicio de un momento que no existe, que no vendrá jamás

mi mejor amante es el recuerdo

y las vastas fantasías que logro en mi mente diseñar...

ALLA

Allá; alejado del mundo

invento fantasías que no existen

y dejo a mi cuerpo restregarse sobre el tuyo;

Allá; alejado de las caretas, en un mundo subyacente

invento historias imposibles

y dejo que el sudor de mi cuerpo se mezcle con el
tuyo;

Allá; en aquel lugar donde solo tú puedes llegar

invento situaciones con las que cualquier moralista
se podría sonrojar

y dejo que el infierno me venga a gobernar;

Allá; alejado de tus locas decisiones

invento un lecho de donde no puedas escapar...

Te recuerdo

Hoy quiero escribir

quiero escribir porque por ti muero

porque dentro de mí, vacío me encuentro

porque en el fuego ardiente me quemo

¿donde estas alma mía?

¿porque has guardado tus deseos?

¿porque me has dejado sin tus besos?

en noches vacías invento momentos

instantes que el tiempo rechaza traer de nuevo

corazón traicionero te hecho de menos

dejaste muchas veces tu humedad en mi cuerpo

dejaste en mi mente dulces recuerdos

vuelve por favor te lo ruego

vuelve al menos un momento

deja las dudas y tu enorme ego

no olvides que muchas noches fuimos veneno...

EL AMOR PROHIBIDO

Mis pensamientos pregonan el amor prohibido el amor perfecto

en lugares lejanos, lugares adversos;

ladrón de cariño, mendigo de besos, surcando destinos que he visto de lejos..

mis pensamientos pregonan el amor prohibido, el amor perfecto

en lugares oscuros, rincones de fuego,

donde los cuerpos expresan sus miedos ocultos del resto;

mis pensamientos insisten en el amor prohibido, el amor perfecto

no existen barreras, solo tiernos momentos;

me ahogo en el cáliz que llevas por dentro y me embriago por ello al estar sediento....

mis pensamientos prosiguen su marcha hacia el cielo

allí donde existen amores prohibidos, amores
perfectos

pero he de verlos solamente en los sueños al verme
tan solo imaginando en silencio...

LO QUE SOY PARA TI

Soy quien no está en tus deseos

soy solo un visitante nocturno y sediento

soy la brizna navegando por sobre tu cuerpo

soy el rayo de luz que entra por tu ventana
trasluciendo tu cuerpo desnudo;

soy la pequeña ráfaga de viento que te penetra
constantemente

soy el pensamiento libidinoso que enrojece tus
mejillas;

soy el pecado perfecto que te conduce al cielo

y soy a la vez el mismo infierno abriendo sus puertas
de par en par..

soy como tu ropa interior que te roza y a la vez no te
toca

soy la tibia sensación que mora entre tus sabanas;

soy el goce, el dolor, la confusión

y el derroche en noches desiertas de sueño;

soy el cáliz que no has bebido en lugares sagrados

soy el sudor que humedece tu piel...

soy solo a la vez una sombra incierta que hace el amor contigo

sin que lo sientas...

soy todo y nada a tu alrededor,

tan frágil que con un soplido volveré al profundo centro de la tierra entre tus piernas...

Dedicado a mi secreto amor

Corriendo hacia ti

Puedo cerrar los ojos y seguirás estando conmigo

aun si dejo de respirar te conviertes en el aire que me mantiene con vida,

si pierdo las esperanzas, te transformas en mi fe inquebrantable

aun si todos mis sueños de amor se desvanecieran tu recuerdo crearía miles de historias tiernas

te he buscado en el desierto y te encontré en los jardines más bellos

puedo verte en cada esquina, en cada travieso contraste de la luna

tu presencia está en todas partes y no tengo dudas

mis manos y mis labios ansían recorrer tu piel

mi cuerpo entero arde en deseos y no encuentro la cura;

contigo me siento pleno, correré junto a ti en cada noche oscura buscare el cáliz que ocultas, seré un sinnúmero de sombras

te rodeare con mi ser y seré tu amor en la penumbra

Iré contigo a donde vayas, seré el camino que te acompaña

eres sol, eres estrella, eres la mujer más bella...

te amo

LOS SUEÑOS

Te soñe

Mientras dormía fuiste plena, fuiste abierta

fuiste luz en las tinieblas

fuiste el fuego que me quema

tu piel ardiente y a la vez serena

transformo mi delirio en ansiedad plena

fuiste el cuerpo desnudo que mi equilibrio quiebra

el sabor de tus labios me doblega

divague por tu piel como una fiera

fuiste suave, fuiste tierna

fuiste un cuenco lleno la noche entera

tu cabello hermoso se esparció por mis venas

fuiste miel y fuiste hiedra

fuiste más que una experiencia

tus pechos dibujados, dulces recuerdos en mi mente deja

fuiste seda, fuiste incierta

fuiste el pan que me alimenta

tu cintura rebosante una sombra debajo de mí aún proyecta

fuiste el ocaso, fuiste el licor que me libera

alcance el cielo infinito embriagado de amor entre tus piernas

fuiste todo, fuiste plena...fuiste solo un sueño repentino hasta la mañana nueva...

LA TRISTEZA Y DESILUCION

Ayer

Ayer dijiste que me amabas

te entregaste extasiada

y tu sangre corrió por mi almohada

ayer dejaste que me perdiera entre tus piernas

me ataste entre tus brazos

y me obsequiaste tu sonrisa

ayer olvidaste el mundo que hoy te cobija

caminaste a mi lado sin estar confundida

y fuiste mi flor de vida

ayer escribiste palabras lindas

y no tolerabas ni un minuto mi lejanía

llegabas a mí como lluvia vespertina

ayer fuiste mi amante, mi mejor amiga

despertabas a mi lado jadeante y humedecida

te vi partir cada mañana esperando el ocaso del día

ayer fuimos torrente, fuego y pasión prohibida

tuvimos que robarnos besos con el alma herida

y vi cesar nuestros sueños y algarabía

ayer plantamos una frondosa semilla en el jardín de
tu vientre

pero te marchastes presurosa al doblar la esquina

y supe entonces que fue tu despedida

hoy el mundo es nuevo, el ayer que me domina...

Un día mas

Es un día triste

un día sombrío

un día que el mundo se siente vacío;

un día profano, sin ningún sentido

un día que mi corazón no tiene latidos,

un día que albergo profundos hastíos

un día cualquiera, para el olvido

un día sin ella...sin su cariño

¿Porque te marchastes?

Porque te marchastes?

fue el temor a perderlo todo

o el mundo que te rodea te obligo;

dejaste la puerta abierta

y la desdicha intrusa se entrometió

porque te marchastes?

te dejaste llevar por los rumores

o las vidas perfectas de los habladores como ejemplo
te sirvió

que paso con tu autoestima?

que paso con tu valor?

la palabra de amor que proferías

en absolutamente nada se convirtió...

porque te marchastes?

te diste cuenta que solo actuabas

o es que algún otro amante te cautivo?

es el sentimiento tan liviano

o es solo un ardid del corazón?

dejaste aquí tantas cosas

las que ni el pobre recuerdo las levanto,

el concepto falso que me dieron

en tu dios se transformo...

porque te marchastes?

explicarlo se hizo tan difícil?

porque tu hermosa boca enmudeció?

la inteligencia que te acompaña

una confusión amarga me dejo...

sin embargo fluye libre como el viento

porque así mi alma te adoro...

Un nuevo guion

Hemos dejado de ser lo que somos

se ha cerrado el telón de nuestra ultima escena;

se dejo el libreto olvidado,

no existe más actuación que la propia realidad.

las sonrisas inventadas, las emociones fingidas,

el amor creado para darle sabor al espectáculo;

todo quedo atrás...

luego al seguir el camino de regreso,

lejos del colorido escenario,

tropecé con la falsa moralidad de los pervertidos

la rectitud de los torcidos,

el clamor de los perdidos y las sonrisas de los
perfectos mezquinos...

las finas letras del guion se han opacado con el brillo
del sol y la tristeza se ha inmiscuido en mí vacía
habitación...

Nuestro final

Todo termino!

solo queda recoger escombros

todo lo hermoso que vivimos feneció

tu alma atada a un hombre del pasado se quedó;

Las caricias, las hermosas palabras,

todo lo que un hombre espera en la cama,

todo ello solo una fantasía se volvió...

No fue posible construir sueños de cristal

no fue posible llenarte de ansiedad

mi vida hacia un nuevo horizonte debe marchar...

Este final ya se veía venir

todo está sencillamente consumado

el clamor del amor se esfumo por la escalera

solo quedan sombras del pasado...

Mi amor iluso

Mi amor es solo un sentimiento sin dueña

es solo un resplandor al amanecer sobre tu cama,

es solo una brizna rozando tu piel y no lo notas

mi amor es solo un intento por habitar tu corazón
ajeno...

Mi amor es solo la razón de lo que ya no existe o
nunca existió

es solo la sensación de un deseo perdido

es solo como la luz de la luna en una noche
cualquiera a mi lado

mi amor es solo como una prenda más que tú
desechas cada día...

Mi amor es como el habitante taciturno de una casa
en ruinas

es solo como una experiencia más en tu mente

es solo como la merienda que tomas al sentir hambre

mi amor es solo como la visita de un amigo lejano...

Mi amor es solo el regalo que recibiste y no te gusto

es solo como una bella canción que a veces escuchas a lo lejos

es como la riqueza del ser que no persigues en tu vida

mi amor es solo como la tumba de un antepasado frente a ti...

LA RABIA

¿Donde estas?

¿Que voy a escribir esta noche?

cuando mi alma está en caos

me atormentan los recuerdos

donde está mi abuela?

donde está mi madre?

caen los ríos de fuego sobre mí

caen las horas de nostalgia sin pedir;

cae la lluvia

cae la noche

que puedo escribir?

Mi existencia es tan confusa

un camino de espinas a seguir

caen en mi mente momentos que no están,

los quiero tan perennes, pero eso es solo como pan

donde está mi madre?

donde están los que no están?

¿Que voy a escribir esta noche?

cuando todo es tan absurdo

cuando me atormenta la soledad

donde está mi abuela?

donde está mi dulce madre?

donde están los que no están?

¿Que voy a escribir?

himnos de amor?

palabras hechas canción?

o el lamento taciturno de un hombre en común?

donde están los que no están?

Busco en el infierno

busco entre las llamas

busco en el desván

escarbando la tierra

o quitándole la ropa a alguna mujer sin verdad...

¿Que voy a escribir esta noche?

aspectos de una vida mediocre?

de horas sin sentido, sin chispas encendidas?

sin el furor de vivir sangrando en cada esquina del diván?

¿Que voy a escribir carajo?

donde está mi abuela?

donde está mi madre?

donde está el consuelo que me regalaste?

Solo queda visitar la tumba fría que en mí dejaste

solo queda abrir sentimientos que una vez mataste,

todo está en caos, una pérdida constante

Donde estas abuela?

donde estás querida madre?

donde está todo lo que en mí dejaste?...

Amaba a esa mujer

Yo amaba a esa mujer

la amaba con ansia y gracia

la amaba cuando aún se levantaba

cuando su cabello era solo de paja...

la amaba en las noches de lluvia

la amaba en sus días de infamia

aun cuando el sol le negó sus rayos;

La amaba estremeciendo su cuerpo

la amaba cuando jadeaba

aun cuando todo terminaba...

Yo amaba a esa mujer

la amaba cuando renegaba de todo

aun cuando se marchaba...

la amaba sabiendo que no me pertenecía

la amaba cuando me daba bofetadas

aun cuando todo era nostalgia;

La amaba cuando me insultaba

la amaba cuando lloraba

aun cuando me daba la espalda;

Yo amaba a esa mujer

la amaba en noches tan largas

la amaba sintiendo su alma

La amaba hasta perder la calma

la amaba intensamente

aun cuando me olvidaba...

la amaba completamente perdido

la amaba entre sabanas raras

la amaba tendido en el fango

aun en medio de nada...

Yo amaba a esa mujer

verdaderamente la amaba

se fue sin decir adiós

se marchó sin decir nada...

Tanto silencio?

Que me quieres decir?

porque te callas?

porque no muestras lo que te embriaga?

porque ocultas lo más profundo de tu alma?

porque no dejas tu silencio en el alba?

Que me quieres gritar?

porque te callas?

porque no arrancas el sollozo que dejaste en tu cama?

porque no transformas tus acostumbradas mentiras en palabras?

porque me dejas intrigado y con tanta rabia?

Que me quieres decir?

porque te callas?

porque me miras como si no me amaras?

porque dejas que mi mente invente sentimientos
que no guardas?

Que me quieres explicar?

porque no hablas?

porque tu cuerpo borro las caricias que esculpí en tu
piel cuando aún te importaba?

porque olvidaste los instantes que rodamos
desnudos en noches sagradas?

Ya me canse de esperar tus desesperadas palabras

tú fuiste todo, mi mundo, mis ganas

y ahora navego en los mares amargos que sobre mi
derramas...

NO TIENE SENTIDO

Para qué lanzo cartas al vacío?

si no las lees, corazón confundido;

para qué escribo sintiendo frío?

si nunca piensas en mí, recuerdo perdido;

para qué quemo mis pestañas en noches serenas?

si las locuras que hicimos ya no te interesan;

porqué pretendo morir despierto mientras el mundo
suspira dormido?

si ya no encienden tu piel mis caricias lanzadas al
viento;

porqué me siento tan triste cuando en tí pienso?

si ahora sonríes desnuda en el lecho perverso;

para qué pretendo alcanzar el cielo?

si ahora todo parece funesto;

para qué le ruego a tu alma venir un momento?

si todo lo que un día dijiste parece un absurdo
invento;

porqué me dejo caer en profundos infiernos?

si los instantes de amor se fundieron en el tiempo;

para qué imagino que aun vibro sobre tu cuerpo?

si en verdad solo me sostiene el áspero suelo...

Mi desolada rabia

Tratare de arrancarme el corazón para echarlo a la basura

dejare que los sentimientos se diluyan

atare mis manos para no dar más caricias

y mis deseos cesarán con mucha prisa...

Cegare mis ojos para dejar de ver lo que siempre admiran

el clamor de mi alma se perderá en las cortinas

las palabras de cariño que profesé serán cenizas

las sensaciones de mi cuerpo se convertirán en solo rimas...

LA FAMILIA

Negrito lindo ya no sufras!

Hermano! que te agobia?

el grito enérgico de la vida

o la indiferencia incomprensible de una mujer

que no se dio cuenta que la querías

hermano! que te agobia?

la vespertina lluvia en tardes solitarias

el viento entrando por tu ventana

o la falta de su piel entre tus sabanas...

hermano! que te agobia?

los recuerdos inoportunos visitando tu mente

la pasión desenfrenada!

o la soledad que no esperabas por las mañanas...

hermano! que te agobia?

el amor fugaz e incontrolable que se escapa

el licor embriagante que nos regala

o la sensación amarga que dejo en tu alma...

hermano! que te agobia?

levanta la mirada!

pero ya no llores, ya no sufras

porque el amor fluye en este mundo como
burbujas...

Madre! que te puedo escribir?

Madre que te puedo escribir

que mi vida va a la deriva

que mis noches están vacías

y que además no entiendo la vida.

madre! que te puedo escribir

que te extraño, que te quiero

que me arrepiento en mis peores momentos.

madre! que te puedo escribir

que estoy atrapado en la monotonía

y que mi alma inventa fantasías.

madre! que te podría escribir?

que sueño con mundos que no existen

que sumido en recuerdos me pierdo.

madre! que te puedo escribir?

que me hacen falta todos los seres que amo

que los puedo sentir profundo en mi pecho.

madre! que te puedo escribir

que le pido a dios tan solo un minuto en tu fuero

que en la amarga sensación de extrañarte me
muero...

El Abuelo Alfonso Velit Sabattini

Una vez acaecida la muerte de mi amado abuelo, recordé que alguna mañana después la abuela María limpiaba aquellos libros que Él acostumbraba leer en las mañanas; fue mi sorpresa observar que entre las páginas de alguno de ellos aún permanecían restos de un cigarrillo que dejo por accidente y que la abuela al notarlas muy cuidadosa y fervientemente conservo entre aquellas páginas, dejándome una sensación inolvidable de sentimientos.....

Una colilla de cigarro

Una colilla de cigarro

se encendió al amanecer

y un aroma a café pasado

se esparció por doquier

al bajar por la escalera

vi a mi abuelo sentado

al filo de aquella vieja mesa

con el rostro concentrado

en alguna lectura traviesa

el ir y venir de los días

fue consumiendo tu vida

y en una mañana funesta

te fuiste por esa puerta

el aroma del café se fue

y el olor del cigarrillo también

pero en los rincones de la casa

encontré tu presencia...

Crystiard

Nostalgia

No te vi llegar, pero te sentí

he soñado tanto contigo que te descubrí

mis manos no te acariciaron, pero mi alma si;

toda mi ternura la derramo sobre ti,

nada más anhelo que verte sonreír

mi dulce y pequeño hijo

el cielo y el mundo me unirán a ti...

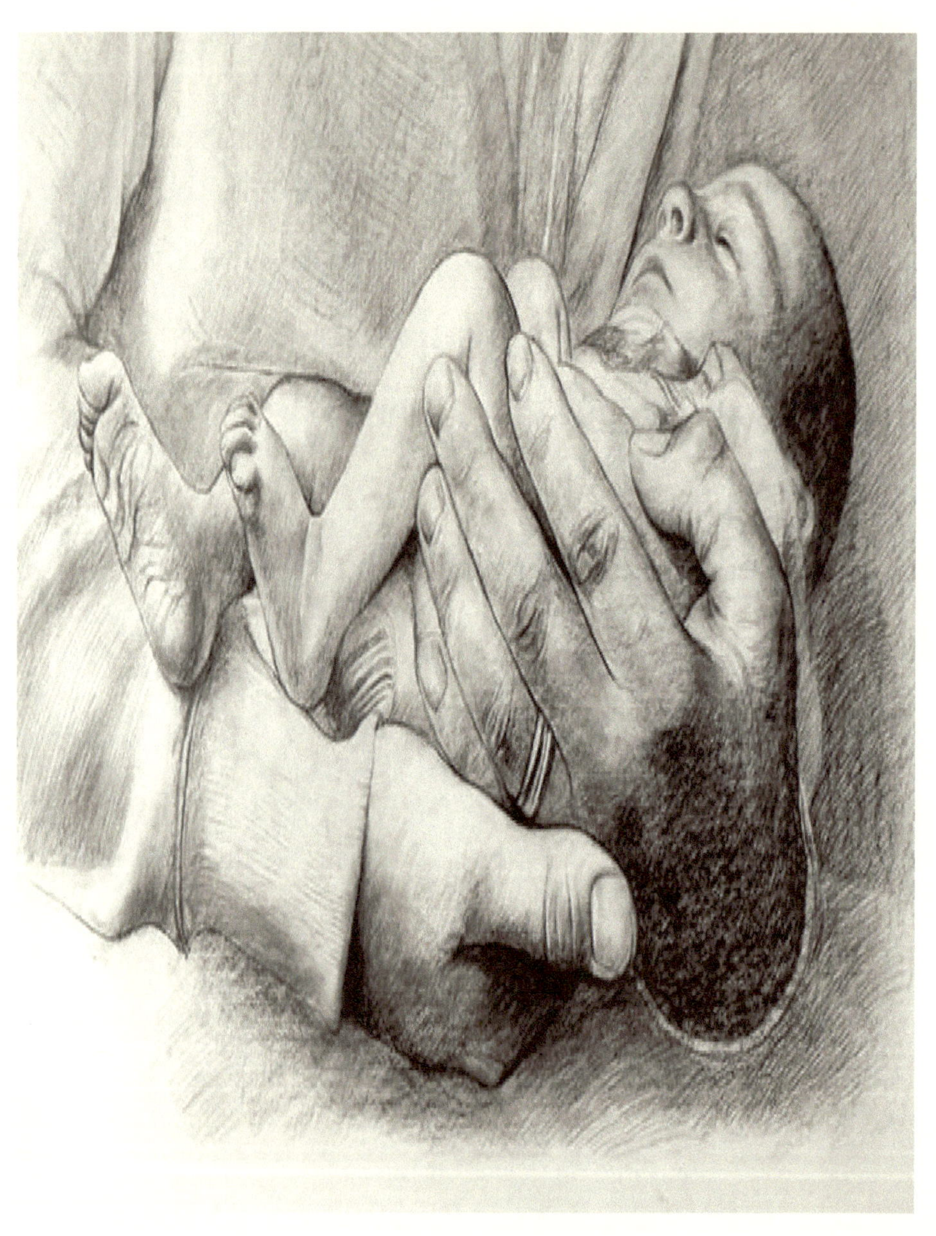

LOS RECUERDOS

Solo un instante

Tan solo un momento nos detuvimos

para compartir nuestro amor

en tan solo un instante nos dimos todo

tus manos y las mías en profunda armonía

en tan solo un momento fuimos rítmica melodía

nada podía detenernos la respiración nos faltaba

el fuego intenso nos abrazaba

en tan solo un instante juntos fuimos pan y agua

todo se detuvo, aun el cielo nos cobijaba

Era nuestro último segundo, después no habría nada

solo me queda el recuerdo de un beso tierno casi al
llegar el alba

seguiste tu camino sin mirar atrás

sabia entonces que nuestra historia terminaba

en tan solo un instante mucho de ti en mí guardaba...

El dolor de existir

Persigo tu recuerdo, lo que vivimos;

mi mente aun esta atrapada

en aquellos instantes que se han hecho eternos,
inolvidables;

la existencia es complicada, difícil de entender,

parece que todos estos asuntos tienen que ver

con una carrera sin principio, ni final, es constante,

agobiante.

anhelo que el tiempo se diluya, que se haga un mito.

el viaje hacia la paz interior duele enormemente;

los cascarones cotidianos pesan sobre mi cabeza,

he abandonado mis ideales, mis objetivos...

Sin hablar

Sin hablar, clave la mirada en tú mirada

tus largos cabellos me ofrecieron un dulce panorama

tus mejillas ruborizadas ardían como el sol

y entonces bese tus labios...

Sin proferir palabra alguna mi ansiedad rodeo tu mente

tus manos pasmadas recibieron las mías,

y tu respiración tan agitada creo remolinos a mí alrededor

y decidí entonces quitarte la ropa...

Sin hablar, mi cuerpo se fundió en el tuyo

y me embriagué al beber el vino de tus pechos

tus gemidos se convirtieron en notas musicales

y entonces profane tu vientre...

Sin decir palabra alguna amanecimos enredados

el amanecer llegó intruso y despiadado

tuvimos que seguir nuestros senderos

y entonces entendí que no volverías...

El tiempo pasa

Me senté a pensar en el camino recorrido

y encontré respuestas y preguntas sin sentido;

encontré el desconcierto y los errores prohibidos,

volví a sentir las caricias y los besos del destino

encontré amigos y aquellos que ya se han ido...

encontré el árbol de mi infancia y aquella ave en su mismo nido;

observe momentos que existían en el mundo del olvido...

observe a mis padres, a mis hermanos y el sufrimiento que hemos bebido;

encontré a todos las mujeres que nunca he tenido...

encontré la razón, la locura, la pasión y el sentimiento fenecido,

observe mis viajes, mis retornos y la magia que la vida ha producido...

me observe desnudo en el lecho de mi amada

y anhele encontrarla otra vez después del alba...

Un nuevo amanecer

Te busque en aquellas calles tan extrañas y preciosas

y halle desolación y olvido...

te busque en mi mundo confundido

y halle recuerdos tan precisos;

te busque en el regazo de mi mente

y halle respuestas sin sentido...

te busque en mis sueños y la imaginación

y halle momentos compartidos...

te busque en las sombras y entre mis libros

y supe entonces que aún no te has ido...

Discusión

Mientras discutíamos

con tus labios decías que no

y camine dos pasos hacia ti

para tomarte por por la cintura

Las palabras hirientes

caían como torrentes de fuego

quemándolo todo alrededor

y me atreví a besarte locamente

Mientras tus manos trataban de apartarme

tu cuerpo se apegaba más al mío

y mientras tus labios decían que no

nos lanzamos como lluvia sobre el piso

Tus insultos mezclados con gemidos

entonaban dulces melodías en mi oído

tu mirada desafiante aumentaba el desvarío

pero ya nada fue importante solo tú, yo y tu vestido

Mientras tus labios decían que no

descubrí la diversidad de este mundo

el universo y sus misterios

y la hermosa sensación de ser lanzado al vacío

Mientras te negabas a todo; ya todo estaba logrado

y tus labios insistentes en silencio se quedaron

al final solo dos cuerpos desnudos y enredados

sobre el suelo descansaron...

Mi escondite

Existe un lugar oscuro donde me puedo refugiar

el silencio gobierna y las sombras me abrazan

los temores son mis amigos y mis dudas son certezas

todos aquellos que murieron se sientan frente a mí

los recuerdos más preciados los vuelvo a revivir

el amor y el desprecio son lo mismo al fin

tus besos y tus caricias se fundieron conmigo aquí...

LA CONFUSION

Confusión

Más allá del tiempo, más allá del cuerpo

más allá de lo que puedo palpar, de lo que poseo

más allá de mis pensamientos y mis asuntos
momentáneos

después de mis sueños, mis tristezas y alegrías

después de mis conclusiones a través de la lógica

cuando ya todo ha comenzado y concluido

después de todo existe algo que no logro
comprender...

Amor mio

Amor de mi alma

destello de luz al alba

sombras que caen

a cada instante sobre mi cama

Dime donde quedaron los besos que me obsequiaste

cuando aún eras parte de mi calma

dime donde ocultaste los gestos de amor

de cada noche y madrugada

Amor de mi alma

luna intensa, sol radiante, indiferencia constante

puñal que clavas en mi espalda sin tan siquiera
acordarte

que fuimos paz y ardiente flama

Dime porque te refugias en el hombre que no te ama

dime porque dejas que toque tu piel

y humedezca la semilla que plante en tu vientre

cuando aún a mí te entregabas...

Vendrás a mi

Vendrás a mí y te llevaras mis ansias y mis anhelos,

te llevaras mi ecuanimidad y mis razones las
destruirás;

cargaras con mis besos y mis caricias cubrirán tu
cuerpo por entero;

todas mis palabras serán nada ante tu presencia y
aun me convertiré en todo lo que no he llegado a ser
para retenerte;

te llevaras los latidos de mí corazón y mi capacidad
para dormir apaciblemente;

harás que el mundo cambie por un momento y que
todos mis infiernos se hagan realidad cuando te
vayas...

restregaras tus hermosos cabellos sobre mi rostro
cubriendo mis ojos, cegaras mi visión y el aroma que
siempre percibo de ti se hará mi perfume diario...

donde quedare después parado?; cual será mi
realidad cuando hayas trazado tu camino de

regreso? a donde iré si el sol ardiente se convertirá
en constante lluvia sobre mí...

Quien eres?

Eres tan especial y extraña que no te puedo
encontrar

sé que apareces súbitamente en mi mundo

dejando huellas misteriosas que no logro descifrar...

No sé quién eres en realidad;

pero te busco cada noche en mis horas de soledad

tu calor puedo sentirlo intensamente

aunque no te puedo amar...

No sé quién eres en realidad;

pero dejas huellas en mi mente que no puedo borrar

estás tan lejos y tan cerca y no sé dónde buscar....

es tan claro el cielo en noches de luna llena,

pero a ti aun en noches como esta no te puedo hallar...

No sé quién eres en realidad;

formas parte de mi vida y a la vez no estas

te busco en mis nostalgias, en mis anhelos

y en mis noches carentes de sueño te quisiera acariciar...

No sé quién eres en realidad;

tal vez la sombra que me persigue, el viento refrescante

o la embustera ansiedad;

tal vez la luz del sol en las mañanas, el deseo ardiente en mi cama

o solo una tierna fantasía creada...

No sé quién eres en realidad;

tal vez tan solo un pasatiempo o una inocente casualidad

quizás la lluvia en un día de verano o la hermosa amistad...

Sé que eres todo lo que me intriga

la historia creada, la sensación incierta y a la vez vaga del destino,

la pasión desenfrenada, la voz constante, la imaginación osada,

mi acompañante, la flor en mi jarrón y el delicioso licor embriagante...

después de todo: se y no sé quién eres en realidad...

Tus preguntas

Porque escribo me preguntas?

Escribo porque en noches de vacías dormir no puedo

Porque debajo de mi pecho un mar de emociones y
sentimientos siento

Porque mis venas hinchadas están de tanta sangre
que al amar entregar anhelo

Porque tenías razón, porque quiero verte

Porque escribo me preguntas?

Porque el mundo es cruel y embustero

Porque tus caricias y besos solo un recuerdo se
volvieron

Porque perdí la noción del tiempo

porque todos mis sueños desaparecieron

Porque escribo me preguntas?

Porque estoy ensimismado, sumergido en mí

Porque lanzo mi alma al viento

porque no encuentro respuestas precisas

Porque escribo me preguntas?

Porque aún tus palabras susurrando en mis oídos mis sentidos agitan

Porque tus premoniciones y premisas se cumplieron

Porque la lluvia acaeció aún cuando el sol brilla

Porque busco tu voz amiga...

DIOS

Que es dios?

Que es Dios? me pregunto siempre que siento la brisa del viento refrescando mi rostro

cuando se pone el sol al atardecer creando esperanzas en el alma a través de rayos naranjas

o cuando en medio de la noche la noble luna ilumina el mundo sin contemplaciones...

Que es Dios? me pregunto cuando escucho las notas de una guitarra lanzadas al viento

cuando las palabras de un verso se sientan sobre mi lecho amando mi cuerpo...

Divinidad

Divino creador

incomprensible señor

te busco en todas partes

te busco en mi interior;

estas en cada planta

y en cada respiración

eres mi única esperanza

el que controla mi desesperación;

te admiro en luna llena

y en el brillo del sol,

eres el único que me gobierna

busco el cáliz de tu amor...

absorto en mi locura

perdido como soy

así me aceptas bella dulzura

oscuro y sabio señor.

quiero verte cuando muera

sentirte en mi interior...

MI CAMINO

Me sentía tranquilo cobijado bajo un árbol

mi pensamientos y sensaciones trataban de alcanzar
el cielo,

momentos inolvidables surcaban los espejos de mi
mente;

el sol en el ocaso derramaba sus rayos sobre la tierra

mientras mis esperanzas perecían al contemplar la
realidad vivida

de pronto vi su rostro tierno

su mirada candente

el resplandor de su cuerpo era indescriptible

ahora sé que nunca estaré solo

en cada sendero que siga Él caminara a mi lado...

LA RELIGION, LA POLITICA Y EL PODER

Túnica

Una túnica esconde mis delirios

mis momentos sencillos;

el animal reprimido y filosófico

sumergido en el mundo...

una túnica esconde mis delirios

mis instantes más explícitos

me entrego a la pasión desposeído

de todo rasgo espiritual contraído;

una túnica esconde mis delirios

el habito del monje donde oculto mis bajas
sensaciones

y mis malas acciones

detrás de las máscaras sagradas

desgarro corazones

no puedo mostrar lo que realmente soy

porque perdería muchas opciones:

posición, respeto, dinero y la oportunidad de predicar

con los brazos en alto

fingiendo devoción ante innumerables admiradores...

el hablador que existe en mi no se puede callar

pero si es tan fácil engañar

a miles de personas que me quieren escuchar...

dedicado solo a aquellos pseudos espiritualistas que se pasean por el mundo fingiendo ser lo que no son...

El poder

El poder te confunde

el poder te transforma

te vuelves el hilo que a todos agobia

te jactas de todo

te sientes historia

te olvidas que eres: huesos y escoria

ocupas el trono de grandes idiotas

eriges los muros de la derrota

defecas tranquilo sobre tu boca

sin importar cuantas amantes

propiedades, dinero o la cantidad de dinero que
guardes

la muerte vendrá a quitarte el lecho elegante

el poder te confunde

el poder te transforma

eres el hombre que a todos explota

líder laboral, predicador espiritual

la gloria y el cielo crees regalar

el sentimiento profundo es lo único que se puede
conservar

tu postura social es lo único que podrás conquistar

más allá del sol y las estrellas jamas llegaras...

LA NATURALEZA

La madre naturaleza

Dedicado a la madre mía Pachamama

Bendita Madre soy parte de ti

me adentro en tu vientre,

puedo ser parte de tu piel ardiente

siento el calor que emana de tu fuente,

llévame contigo, fúndeme tan dentro de ti hasta
donde mora tu simiente...

abrígame Madre mía, abrígame tanto al verte

sé todo en mí, déjame ser roca, flor y lava candente,

cobíjame debajo de tu piel, en el pasto saliente...

Pachamama mía vuélveme semilla y fruto silvestre

vuélveme el rio hablador y la montaña imponente...

déjame ser tu pendiente y el manantial que calma la
sed de tus creyentes...

bésame Madre mía, bésame por doquier al verme...

déjame ser el árbol que da reposo a tus
bienquerientes

déjame morir en ti y conviérteme en vapor que se
eleva hacia el sol naciente

el sol que te ilumina y es tu amante siempre...

déjame entrar en ti Pachamama mía

déjame morir en ti, muy dentro de ti, allí en tu
fuente...

CERVANTES

El Quijote

En un lugar de la mancha adonde me transporta la imaginación,

abandono los pesares del mundo para ver al Hidalgo Quijote

y su amigo el escudero Panzón...

Ingenioso relato que el mundo quizás no comprendió

abre brechas en mi mente y en el centro de mi corazón

al saber que la pluma dichosa de Cervantes nunca se acalló;

Y ante la confrontación frente al molino que convertido en gran Dragón

olvido el tino y la cordura sumergido en viciosa lectura,

¿Qué es la vida? ¿Qué es la duda? si se alcanza la gloria a través de la locura...

Y la voz de la razón como cual escudero ante pavorosa desazón nos alienta a seguir erguidos ante los peligros desconocidos

que como estos dos amigos enfrentaron con pasión.

Que Hidalgo desquiciado capaz de ensalzar el dulce amor!

con lenguaje desbocado descubrió su ilusión,

y busco por sus caminos la figura que creo:

de la bella Dulcinea y su mirar encantador...

¿Cómo puede así el lenguaje transportarte hacia Dios?;

¿Cómo pueden bellas líneas ahogar la fuerte voz?

el delirio y la cordura son Quijote y Sancho Panza

que en busca de aventuras desafiaron la razón.

Al Caballero de la Triste Figura el tiempo jamás lo derrotó

continua sobre Rocinante el largo viaje que un día apresurado emprendió

cabalgando por muchos pueblos y culturas desata el júbilo y la ternura del más duro corazón.

En un lugar de la Mancha adonde me transporta la imaginación

abandonó los pesares del mundo para ver al Quijote, Sancho Panza

Dulcinea y Rocinante gracias a la Magia de Cervantes

y su ingeniosa incomprensión...

LA MUJER

Mujer

El misterio más grande de la existencia

difícil de comprender, por más intentos realizados

menos respuestas encontramos;

detrás de miles de caricias y besos

habitan ocultos sentimientos

que un hombre no puede llegar a alcanzar;

una lágrima puede ser una sonrisa

y una sonrisa un indicio de desdicha,

un insulto un clamor de amor

y un clamor de amor solo guerra en el corazón;

su entrega la paz eterna

y su indiferencia el infierno en la tierra...

la grandeza de la naturaleza esta dibujada en sus senos

su cuerpo entero representa un dulce perplejo;

en mi mente ya no caben más conceptos certeros...

Tus cabellos sueltos

cuando sueltas tus cabellos

sueltas también lo más intenso en el fondo de mi
alma

me dejas perplejo, sin ser, sin nada

Cuando sueltas tus cabellos

siento que sueltas también mis nostalgias

me aferro a tus ojos, despiertas mis ansias

Cuando sueltas tus cabellos

siento que sueltas también los sentimientos que
guardas

me vuelvo un vagabundo, camino en el alba

Cuando sueltas tus cabellos

siento que liberas sensaciones adversas

me quedo callado, me centro en el todo, me fundo
con tu alma...

EL AMOR

Amar

Dedicado a la mujer que llevo siempre en mí

Amar es perderse sin tiempo ni espacio

es dejar caer las caricias como gotas de lluvia

sobre nuestros regazos;

es reír y gozar sin contar cuanto ganamos...

Amar es el amigo silencioso al cual esperamos sin
quejarnos;

es la gloria y la desdicha si dejamos de tocarnos;

es cantar y bailar locamente al desearnos...

Amar es la carne con la cual nos alimentamos

no existe indicio de cansancio o desgano mientras
respiramos

es estar unidos al separarnos;

es buscar un mundo que no existe al mezclarnos...

Amar es desear fundir mi cuerpo en el tuyo

sin reglas, ni fundamentos, ni roles pactados;

es el enojo constante si mutuamente no nos compenetramos;

Amar es tú piel, tus labios, el sol, la luna y los milagros

es sentir que muero al verte dormir sin ser acariciado..

es además huir de realidades que no esperamos,

es adorar tu sencillez, tu nostalgia, tu ternura

y la forma en que te entregas a mí sin ningún reparo....

Amar es el cáliz, el néctar, el licor con el cual nos embriagamos,

es como el vaivén de las olas cuando entre tus piernas me distraigo;

es la humedad que me dejas al despegarnos...

Amar es la ceremonia religiosa, la paz, la calma que dignifica al alma:

y es opuestamente la pasión y el animal salvaje que
por dentro llevamos...

Amor oficial

Se hace oficial el amor

cuando extiendes tus redes;

cuando pretendes retenerlo

sabiendo que no puedes...

Se hace oficial el amor

cuando construyes tu refugio;

cuando firmas los papeles

sabiendo que no debes...

Se hace oficial el amor

cuando celoso confundido lo posees

cuando en cada amanecer

besar y abrazar se planea...

Se hace oficial el amor

cuando lanzas hijos al mundo como plebe;

cuando a través de ellos obtienes

la sensación que una familia tienes...

Se hace oficial el amor

cuando olvidas que somos aves;

cuando alzar el vuelo en cielo abierto

una prioridad evitar se vuelve...

Se hace oficial el amor

cuando más libertad regalar no quieres

cuando crees que todo a ti se te debe

que la mejor mujer u hombre del mundo sientes que eres...

El significado

El amor es más como un terreno desconocido

como una vespertina e inesperada lluvia

es como palabras constantes susurrando en tus oídos

el amor es como una energía que nunca se agota

es como la noche oscura y lujuriosa

es como percibir el amanecer sin darnos cuenta

el amor es como la miel dulce y pegajosa

es como el más fino licor que embriaga y descubre tu
alma

es querer vivir intensamente el último minuto

el amor no es un desperdicio, es una totalidad

es juntar los cuerpos en cada esquina

es comulgar tu alma con la mía...

el amor es como la nota más exacta de una melodía

es como llorar al ver caer el día;

el amor es como el inmenso mar sin medidas

es como subsistir sin reglas, con osadía

es locura, es entrega, es la sed insaciable, la dulce
espera

es anhelar tus caricias, tus besos, tu compañía...

el amor es el verso del poeta y sus estrofas profanas

es la rima que nos encanta

es acercarse al sol y la bella luna

el amor es mi sueño, el tesoro que busco...

EL CAOS

El caos que siento

el caos me gobierna, me invade

me tienta

soy carne, huesos y siembra

soy parte de todo y siento la hiedra en mi garganta

tan incierta, tan impávida

tan tierna

soy parte de todo

y a la vez la tierra

soy el árbol que no da frutos

la hojarasca que vuela

siento el mundo, el barro

la piedra

soy el animal que busca la presa

el pastizal seco que goza

con la humedad incierta

soy más sal, que dulce hierba;

soy el manantial que emana del subsuelo

el veneno que fluye por mis venas

la impetuosidad, la ira, la pasión

y la bondad tan tierna

todo me gobierna

soy la oración que elevo a Dios en el alba

soy carne, sangre, delirio

y tristeza

un ser humano tan incierto y contradictorio

divago sobre la faz de esta esfera

soy tan salvaje y ruin como todo

a diestra y siniestra

busco el calor del sol

y el intenso frío en cualquier quimera

y la paz en un rincón de la iglesia

un mar de sentimientos

y emociones intensas

soy todo y nada

me escondo en las nubes

si siento histeria

soy adicto al sexo y a todo

placer efímero que siempre me tienta

soy como la cualidad del viento

que toca y no se asienta

nunca me iré ni me quedare

por más que quiera

finalmente seré como los rayos del sol

y dejare mi cuerpo sumergido

otra vez entre tus piernas...

LA MUERTE

El destino; el que nos espera

Vendrás a buscarme querida compañera

en una noche cualquiera entraras callada por mi
ventana;

el viento será el indicio de tu presencia.

Me sorprenderé al sentirte después de tanta
indiferencia;

serás como el destino que finalmente nunca nos
deja...

Busque respuestas en cada vivencia;

te ocultabas consiente de mi tristeza

y al verme caer girabas el rostro

alardeando por tus proezas...

Te he deseado tanto como el vino en mis noches de fiesta

te he odiado tanto como el sol a las tinieblas...

Nadie sabe dónde estás mi dulce aventurera,

nadie ha visto tu misterioso hogar desde alguna quimera...

En mi continuo proceder sediento estoy por el cáliz de tus venas

solo déjame gritarte que una tierna velada nos espera

me tenderé tranquilo en una noche cualquiera

para recibir tus caricias certeras...

vendrás a buscarme querida traicionera

entraras callada por mi ventana,

el viento será el indicio de tu presencia,

me sorprenderé al sentirte después de tanta
indiferencia

mi muerte amada, dulce compañera....

He caminado incansablemente buscando una mano amiga. He escuchado palabras duras y sin sentido; he sentido el desprecio y el juicio previo como excusa. Ahora estoy sentado y agotado observando el sol caer en el horizonte y mi alma se regocija ante este hermoso espectáculo! Algo tan aparentemente simple ante mis ojos me regala paz, este momento no tiene comparación, lo es todo para mi ser, aquí estoy; aquí estaré; aquí dejare de estar...